AF275811

Eva Muñoz

La casa en fuga

Haikus de una mudanza

LA GARÚA
POESÍA · *Haiku, 4*

Primera edición: febrero de 2024

Dirección: Jesús Aguado y Joan de la Vega

Consejo editorial: Pablo F. Sopuerta, Lola Irún,
Paula Gámiz y Maribel Sola

© texto y fotografías, Eva Muñoz
© ilustración de cubierta, Rita Lugli
© La Garúa Libros
Barcelona (España)
www.lagaruapoesia.com

ISBN: 978-84-125379-9-4
Depósito Legal: B 1483-2024

Para Rodrigo

I.

¿O acaso el hogar está en el afuera
si en el adentro está el canto?

II.

La galería.
En un pozo de luz
sumerjo el brazo.

La galería.
Caen los segundos en
la transparencia.

La galería.
De ópalos de sol
el pensamiento.

En la cocina,
los objetos tan quietos,
la certidumbre.

El cazo, el suelo.
Plenitud encendida.
Estela blanca.

Manso teatro.
Años y geografías
en la alacena.

En la cocina,
tu risa adolescente:
piedra de toque.

Léxico y pan.
Este sol familiar
nos alimenta.

En la cocina,
cada regreso pauta
otra jornada.

Deseo curvo.
Clamor de mandarinas
en el frutero.

Sube en zigzag
la escalera de incendios.
El muro absorto.

Me dan sostén,
manchadas y agrietadas,
las flores cúbicas.

Un borboteo.
Se va el agua en la pila.
Mi penitencia.

Todo es pasar.
También la luz del día
por la cocina.

En diagonal,
en ráfagas de azul,
se extingue el lunes.

Distribuidor
de abrazos y de adioses
en la mañana.

Viejo escalón,
atisbo multitudes
en tu hendidura.

Baldosa suelta
en mitad de la estancia.
Está dudando.

Ajedrezado
suelo del corredor.
Un alfil bueno.

Acristaladas
y altas como jirafas,
puertas gemelas.

Ajedrezado
suelo del corredor.
Una a la ciega.

Diáfana y alta
y de hermoso esqueleto.
Así, mi casa.

Bajo los techos
un trotar de gacelas.
Papel de arroz.

El corredor:
persisten los murmullos,
se van los pasos.

En el salón,
el sofá como nave.
Tu travesía.

Mueble robusto.
Respira en el rincón
tu adolescencia.

El peso mudo
de un animal dormido
contigo en brazos.

Paredes blancas.
Existencias apenas,
huellas precarias.

Tarde de invierno.
Rectilíneo el silencio,
dedos exangües.

Geometrías.
En sucesivos planos,
nuestros afectos.

En la hora blanca,
un silencio aterido.
Crujen los dedos.

Salón nocturno.
Caja de resonancia:
pulsar del viento.

Entre paredes,
un enorme pulmón
nos ciñe al aire.

Tres pajaritos.
Tres siluetas redondas.
Hilo de alambre.

Rumor del tren.
Respirar de la casa.
Una oración.

Junto a la luz,
hacer de las heridas
puertas, poemas.

Esos ciclistas
que remontan la cuesta
frente al estudio.

Pasa la vida,
unas veces de ida,
otras de vuelta.

Anorak rojo,
empujando una estufa,
un hombre solo.

Tras el cristal,
la vida de los otros
y una palmera.

Balcón abierto.
La calle entra de un salto
en mi salón.

Veo tu espalda,
tus dedos que chasquean.
Ya no te veo.

Bulbo enterrado.
Persistir de una cala
que me acompaña.

Tarde de sol.
Botánicas cenefas
en el balcón.

Embrida el tiempo
tu fauna diminuta
en el alféizar.

No cabe el frío.
Nuestro cuarto de baño
es tan pequeño.

Lavabo y ducha,
repisa y un espejo.
Casi no quepo.

En la tobera,
los peines boca abajo.
Unas sardinas.

Un espejito:
aureolada en limones,
rubia Ouka Leele.

Tras la cortina,
crece un fondo de mar
de colorines.

Champús y geles,
formación silenciosa.
Blanca trinchera.

De loza y cal.
Al cabo de la casa,
blanco cubil.

Cuarto infantil
que abandonas con temple.
Rueda un balón.

Alta ventana:
ojos de un cuarto ciego
al exterior.

Otra ventana,
de una infancia dorada
y un patio al sol.

Ojos en alto
que arrobados atisban
una clausura.

Fascinación
de los objetos mudos
al otro lado.

Silencio agudo.
El grito del deseo:
qué desconcierto.

Lucen estrellas
bajo un lecho colmado
los días pares.

En los impares
anidan el colchón
cual gorrioncillos.

Flores, cenefas.
Sobre campos de azul
planto el talón.

Tu desnudez:
profunda algarabía
después del baño.

Contigo en brazos,
letanías de leche.
Seiscientas lunas.

Tu cuerpecito
respira frente al mío.
Meditación.

Blando país.
Me guardo entre tus pliegues
cada mañana.

Viajo a Japón
a través del espejo
del vestidor.

Frágil blancura.
La espuma de los días:
un marabú.

Son nuestras voces
el migrar de las aves
a cielo abierto.

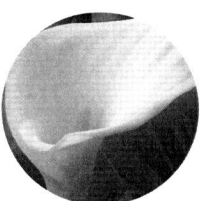

Y me desnudo
de los viejos contornos.
Cajones ciegos.

Mi penitencia,
ingenuidad gastada,
la pongo en venta.

Doscientos euros:
se cierra la subasta
del exmarido.

Estremecidas
y holgadas en las baldas:
a mí se entregan.

Os digo adiós,
presencias tutelares.
Viajaré sola.

Despojamiento
de tanta obra maestra.
Piernas ligeras.

La librería
vacía de oraciones
queda en silencio.

Polvo en el suelo.
Esternón de un armario.
Casa vacía.

Hace tres años
llegué aquí con la lluvia.
Me voy con sol.

Fachada gris.
Desde fuera indistinta,
mi vieja casa.

Se apagará
la luz en la ventana.
La casa en fuga.

La galería:
ecos de una bacante
en la mañana.

Abrir la puerta
al verso inacabado
y echar a andar.

III.

Empiezo buscando la palabra mudar en el diccionario. Me gusta la palabra mudar. Me gusta la etimología de las palabras.

Mudar, del latín *mutāre*. Es casi la misma palabra que mutar, que tiene la misma raíz, pero mudar ya ha perdido la oclusión sorda de la *t* y ha incorporado la suavidad de la *d* y, con ella, toda una serie de significados de apariencia menos violenta, más dúctiles. Mudar: dar o tomar otro ser o naturaleza, dejar algo que antes se tenía y tomar en su lugar otra cosa; en el ave, desprenderse de las plumas, en los gusanos de seda, las culebras y algunos otros animales, soltar periódicamente la epidermis y producir otra nueva. Y ésta, que me conmueve porque tú eres en este momento exactamente un *muchacho*: dicho de un muchacho, efectuar la muda de la voz. Y aún: variar, cambiar; dejar el modo de vida o el afecto que antes se tenía, ponerse otra ropa o vestido, incluso *defecar*.

Dejar la casa que se habita y pasar a vivir en otra.

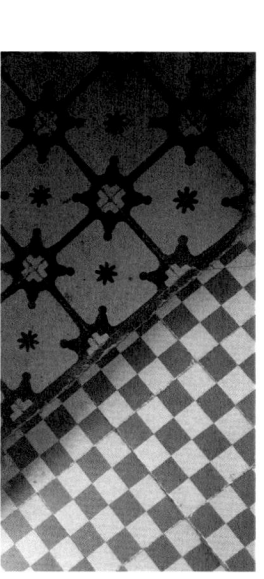

Índice

La casa en fuga
Haikus de una mudanza